LONDON & NEW YORK APARTMENTS

LONDON & NEW YORK APARTMENTS
APPARTEMENTS DE LONDRES ET DE NEW YORK
LONDEN EN NEW YORK APPARTEMENTEN

Edited by Macarena San Martín

Art director:
Mireia Casanovas Soley

Editorial coordination:
Catherine Collin

Project coordination:
Macarena San Martín

Texts:
Macarena San Martín
Sandra Moya

Layout:
Claudia Martínez Alonso

Translations:
Britta Schlagheck (German), Lydia de Jorge (English), David Lenoir (French), Els Thant (Dutch)

Editorial project:
2007 © LOFT Publications | Via Laietana, 32, 4.°, Of. 92 | 08003 Barcelona, Spain
Tel.: +34 932 688 088 Fax: +34 932 687 073 | loft@loftpublications.com | www.loftpublications.com

ISBN 978-84-96936-06-5   Printed in China

LONDON & NEW YORK APARTMENTS

LONDON & NEW YORK APARTMENTS
APPARTEMENTS DE LONDRES ET DE NEW YORK
LONDEN EN NEW YORK APPARTEMENTEN

Edited by Macarena San Martín

KOLON•

„Alle Städte sind verschieden: Es gibt keine zwei, die sich gleichen. Und eine Stadt hat kollektive Emotionen."

John Steinbeck, Literaturnobelpreisträger

"Each city differs from the rest: no two are alike. A city has collective memories."

John Steinbeck, Nobel Prize in literature

« Chaque ville diffère de toutes les autres : il n'y en a pas deux semblables. Et une ville a des émotions d'ensemble. »

John Steinbeck, Prix Nobel de Littérature

"Iedere stad is anders: er zijn er geen twee gelijke, maar in een stad leven wel gemeenschappelijke emoties."

John Steinbeck, Nobelprijs literatuur

LONDON APARTMENTS

LONDON WOHNUNGEN
APPARTEMENTS DE LONDRES
LONDEN APPARTEMENTEN

Der Reiz dieses zweistöckigen Baus ist die große Glaswand, die eine der Fassaden dominiert. Die Fenster integrieren das Haus in die herrliche Umgebung und ermöglichen eine maximale Ausnutzung des natürlichen Lichts. Diese Kombination trägt dazu bei, dass in den einzelnen Räumen ein besonderes, freizeit- und entspannungsorientiertes Flair entsteht.

This two-story structure's main attraction is the glass that predominates the front. The windows integrate the house with the marvelous landscape that surrounds it and maximize the natural light coming into the house. This combination helps to create rooms made for leisure and relaxation.

HAMPSTEAD HOUSE

Architects: **Orefelt Associates**

London

Le principal attrait de cette construction de deux étages est la grande verrière qui domine l'une de ses façades. Les baies vitrées intègrent la maison dans le magnifique environnement qui l'entoure et permettent d'utiliser au mieux la lumière naturelle. Cette combinaison aide à créer des pièces avec une touche très spéciale, destinées au loisir et à la détente.

Bij dit gebouw van twee verdiepingen gaat alle aandacht naar het grote raam in een van de gevels. De omvangrijke ramen verbinden het huis met de prachtige omgeving en het natuurlijke licht wordt maximaal benut. Deze combinatie schept bijzondere ruimtes, die rust en ontspanning uitademen.

Die in kräftigen Farben gestrichenen Wände erzeugen zusammen mit dem bunten Teppich ein dynamisches Ambiente. Um den Raum maximal auszunutzen, entschied man sich für maßgefertigte Möbel mit funktionellem Design.

The walls have been painted in deep colors and together with the vibrant rug, a dynamic atmosphere is created. To maximize the space the furniture has been custom made to combine functionality and design.

Les murs ont été peints de couleurs vives qui, avec le tapis coloré, créent une ambiance dynamique. Afin de profiter au mieux de l'espace, ce sont des meubles sur mesure qui allient fonctionnalité et style, qui ont été choisis.

De in felle kleuren geschilderde muren en het kleurrijke tapijt zorgen voor een dynamische sfeer. Om de ruimte maximaal te benutten werden op maat gemaakte meubels gebruikt, waarbij functionaliteit en design hand in hand gaan.

Die Besitzer dieser Wohnung wollten ihr einen Hauch von Rustikalität und Gemütlichkeit verleihen, ohne dabei auf Komfort zu verzichten. Hierzu wurden verschiedene Materialien kombiniert. So herrschen beim Boden Keramik, bei den Decken Holz und bei den Wänden sichtbare Ziegel vor. Zusammen mit den Weißtönen der übrigen Wände verleiht dies der Wohnung Persönlichkeit.

The owners wanted to give this home a rustic and cozy touch without sacrificing comfort. They achieved this by combining different materials. Ceramic floors, wood beam ceiling and brick walls together with the white partition walls fill the house with personality.

WAPPING LOFT

Architects: **Neil Choudhury Architects**

London

Les propriétaires de cette résidence voulaient lui donner une touche rustique et accueillante sans en oublier les commodités. Ils y sont parvenus en mêlant plusieurs matériaux. Ainsi, le carrelage domine les sols, les poutres en bois les plafonds et la brique nue les murs. Tout cela, aux côtés des tons blancs des autres cloisons, donne à la maison sa personnalité.

De eigenaars van deze woning wilden er een rustiek en gezellig tintje aan geven, met behoud van alle comfort. Ze slaagden hierin door verschillende materialen te combineren. Zo overheersen tegels op de vloeren, houten balken aan de plafonds en ongepleisterde baksteen in de muren. Samen met het wit van de overige wanden geeft dit alles het huis een unieke persoonlijkheid.

Im Flur des Lofts befinden sich kleine Leuchten im Boden, die den Weg vom Eingang zum Wohnraum markieren. In den übrigen Zimmern entschied man sich für Wandlampen, da diese geeigneter sind um große Räume auszuleuchten.

The hallway of the loft has small spotlights on the floor that mark the entrance of the home. The rest of the rooms have wall lamps, which are much more functional for lighting up big spaces.

Le couloir du loft dispose de petits spots au sol qui marquent le chemin d'entrée de la maison. Les autres pièces utilisent des spots aux murs, plus adaptés à l'illumination des grands espaces.

Kleine lampjes in de vloer van de gang leiden ons de woning binnen. In de overige vertrekken worden wandlampen gebruikt, die de grotere ruimtes beter verlichten.

Die Räume dieser Wohnung dienten noch im Jahre 1870 als Lager. Es war eines der ersten Lager, das zur Wohnung umgebaut wurde. Das Penthouse umfasst zwei Etagen und eine große Dachterrasse, von der aus man eine der besten Aussichten der Stadt hat. Die Terrasse begünstigt außerdem auf Grund der in die Decke eingelassenen Luken den Einfall natürlichen Lichts.

This space housed a great warehouse in 1870 and was one of the first to be converted into a home. It is a two-story attic with a grand terrace that provides one of the best panoramic views of the city. The terrace also lets in the natural light through the ceiling's skylights.

OLIVER'S WHARF

Architects: **McDowell + Benedetti**

London
Surface area: **250 m²**

Cet espace hébergeait un grand entrepôt en 1870 et il fut l'un des premiers à être rénové et transformé en logement. Il s'agit d'un attique de deux étages avec une grande terrasse supérieure d'où on admire un des plus beaux panoramas de la ville. La terrasse favorise également l'entrée de la lumière naturelle grâce à des lucarnes installées dans le toit.

Deze ruimte was in 1870 een grote opslagplaats en werd als een van de eerste constructies omgebouwd tot woning. Het is een zolder van twee verdiepingen met een groot terras bovenaan, vanwaar we een prachtig uitzicht hebben op de stad. Dankzij de dakramen van het terras schijnt het natuurlijke licht overvloedig naar binnen.

Balken und Boden des Apartments sind aus Holz, das mit Wandziegeln kombiniert wurde. Beide Materialien haben eine natürliche, leicht rustikale Oberflächenstruktur. Sie schaffen ein gemütliches Ambiente, das zum Entspannen einlädt.

In this apartment, wood is used on the beams and floors in combination with the brick on the walls. Both materials show a natural, almost rustic look, which creates a comfortable atmosphere and invites one to relax.

Cet appartement utilise le bois pour les poutres et le sol, et l'associe à la brique des murs. Les deux matériaux sont utilisés dans un fini naturel et un peu rustique, ce qui créé une ambiance confortable qui invite à la détente.

In het appartement wordt hout gebruikt in de balken en de vloer, in combinatie met bakstenen muren. Beide materialen zijn natuurlijk en een beetje rustiek afgewerkt, wat een comfortabele en ontspannen sfeer schept.

Das Innendesign dieser Wohnung ist von der japanischen Kultur inspiriert. Die Hauptcharakteristik der Wohnung ist die Aufteilung in zwei deutlich abgegrenzte Bereiche. Zum einen dient ein Wandpaneel zur Abtrennung zweier kleinerer Zimmer, zum anderen grenzt eine spanische Wand, die bis zur Decke reicht, eine Vorratskammer ab.

Inspired by Japanese culture, the main characteristic of this home is the division of two spaces that are clearly delimited. A panel marks the separation of two small rooms while a floor to ceiling bamboo screen creates a small storage area.

HOPTON STREET LOFT

Architects: **Ushida Finlay Partnership**

South Bank, London

Cette résidence est inspirée de la culture japonaise et sa caractéristique principale est la division en deux espaces clairement délimités. D'un côté, le panneau marque la séparation de deux pièces de petites dimensions, et de l'autre, un grand paravent en bambou, qui atteint le plafond, cache une petite réserve.

Deze woning is geïnspireerd op de Japanse cultuur en wordt vooral gekenmerkt door de opdeling in twee duidelijk afgebakende ruimtes. Enerzijds worden een aantal kleine kamers door een paneel van de rest van het huis gescheiden. Anderzijds ligt achter een bamboe kamerscherm, dat tot aan het plafond reikt, een kleine bergruimte.

Das Highlight dieses Baus ist die Aufteilung in drei Etagen mit jeweils unterschiedlichem Ambiente. Der große Betonblock, der für den Bau verwendet wurde, wurde mit Schiebepaneelen aus durchscheinendem Glas, die die Innenbereiche vor indiskreten Blicken schützen, verkleidet.

The most outstanding feature of this project is that each one of its three stories is completely different. The great cement block used in its construction has been covered with sliding translucent glass panels that isolate the interior from indiscrete onlookers.

H HOUSE

Architects: **Sauerbruch & Hutton**

London

Le plus remarquable de ce projet, ce sont ses trois étages, dont chacun dispose d'une ambiance différente. Le grand bloc de béton utilisé pour la construction, a été recouvert de panneaux coulissants en verre translucide qui isolent l'intérieur des regards indiscrets.

Wat het meeste opvalt bij dit project zijn de drie verdiepingen, elk met een aparte sfeer. Het grote betonblok dat voor de constructie is gebruikt, werd met doorzichtige, glazen schuifpanelen bedekt, waardoor het interieur aan nieuwsgierige blikken wordt onttrokken.

Die drei Etagen unterscheiden sich auf Grund der Möbel und Objekte in glänzenden Farben. Die große Wendeltreppe aus Stahl, die das Haus dominiert, ist die einzige Verbindung zwischen diesen drei ungleichen Ambienten.

The furniture and bright colored objects differentiate these three stories from each other. The great, dominating spiral staircase is made of steel and is the only link between these three floors.

Les trois étages se différencient entre eux grâce aux meubles et aux objets aux couleurs brillantes. Le grand escalier en acier en spirale qui domine l'espace est l'unique lien entre ces trois pièces.

De drie verdiepingen onderscheiden zich van elkaar door de meubels en felgekleurde voorwerpen. De grote stalen wenteltrap die het huis domineert is het enige verbindingselement tussen deze drie ruimtes.

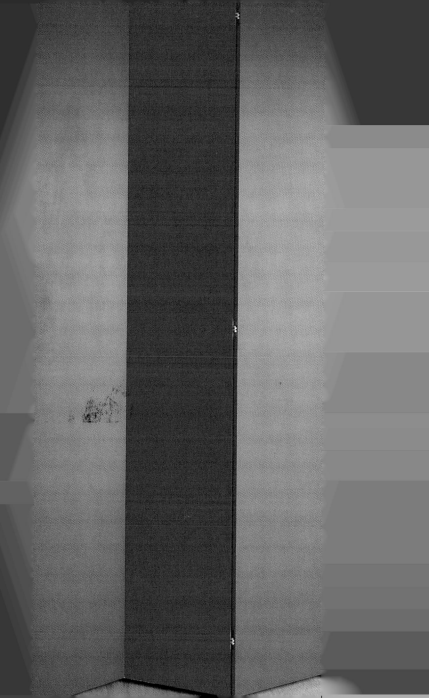

Die ehemalige Schule im viktorianischen Stil wurde umgebaut, um sich in dieses moderne Loft, in dem der verfügbare Raum maximal ausgenutzt wurde, zu verwandeln. Die Gemeinschaftsbereiche befinden sich auf der ersten Etage. Auf der oberen Etage werden das Schlafzimmer und der geräumige Arbeitsbereich durch ein Glaspaneel voneinander getrennt.

When this old Victorian school was remodeled to create this modern loft, all available space was utilized. The common areas are distributed on the first floor while on the second floor a glass panel separates the bedroom from a spacious work area.

ARCHITECT'S APARTMENT

Architect: **Voon Wong**

Stannary Street, London

Une ancienne école de style victorien a été rénovée pour en faire ce loft moderne dans lequel l'espace disponible a été parfaitement exploité. Les pièces communes se trouvent au premier étage, alors qu'à l'étage supérieur, un panneau en verre sépare la chambre d'un large espace de travail.

Een oude school in Victoriaanse stijl werd gerenoveerd tot een moderne loft, waar de beschikbare ruimte maximaal benut wordt. De gemeenschappelijke ruimtes liggen op de eerste verdieping. Op de bovenverdieping scheidt een glazen paneel de slaapkamer van een ruime werkplek.

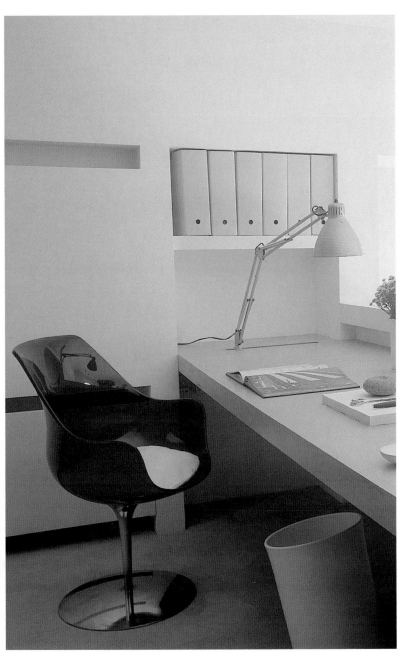

Die Innenstruktur dieser Wohnung wurde komplett verändert, wobei ein modernes, apartes Design angestrebt wurde. Hervorstechend ist die Geräumigkeit des Wohn- und Essbereiches. Der Raum kann durch eine bewegliche, an der Decke befestigte Wand geteilt werden, so dass je nach Bedürfnissen ein oder zwei Räume entstehen. Das Mobiliar im Retrostil erzeugt einen Hauch von Moderne.

The interior of this home has been totally renovated with an uncommon and actual design. A movable wall that remains attached to the ceiling and allows one or two rooms can divide the living-dining room as needed. The retro furniture gives it a modern touch.

CLARK RESIDENCE

Architects: **Jonathan Clark Architects**

Maida Vale, London
Surface area: **86 m²**

La structure intérieure de ce logement a été totalement rénovée en misant sur un design actuel et peu fréquent. On remarque la grandeur du salon-salle à manger, une pièce qui peut être divisée grâce à une cloison mobile suspendue au plafond qui permet de disposer d'une ou deux pièces, selon les besoins. Le mobilier rétro lui donne une touche de modernité.

Het interieur van deze woning werd volledig vernieuwd op basis van een hedendaags en ongewoon design. Zit- en eetkamer zijn ruim en kunnen van elkaar worden gescheiden door een verplaatsbare scheidingswand die aan het plafond is bevestigd en toelaat één of twee ruimtes te scheppen, al naargelang de behoeften. Het retromeubilair geeft het geheel een modern tintje.

Die weißen Wände bilden einen stilvollen Kontrast zum Parkettboden. Auch in der Küche sind die Möbel aus Holz, das hier mit Stahl kombiniert wurde. Die verkleideten Wände brechen die chromatische Monotonie des Raums.

The white walls create a beautiful contrast with the parquet floors. In the kitchen, the furniture is also in wood, combined with stainless steel. The wallpaper breaks the chromatic monotony of the space.

Les murs blancs créent un joli contraste avec le parquet du plancher. Dans la cuisine, les meubles sont aussi en bois, associé à l'acier inoxydable. Le revêtement des murs rompt la monotonie chromatique de cet espace.

De witte muren contrasteren mooi met de parketvloer. De meubels in de keuken zijn ook van hout, in combinatie met roestvrij staal. De gecoate muren doorbreken de monotone kleuren in deze ruimte.

Die Struktur dieses Gebäudes geht auf das 18. Jahrhundert zurück. Seine Besitzer wollten die Identität des Baus nicht verlieren. Auch legten sie auf ein epochengemäßes Design Wert. Von daher dominieren in allen Räume gerade und einfache Linien, und man entschied sich für eine klassische, romantische Dekoration, die an vergangene Zeiten erinnert.

This building dates back to the XVIII century and its owners did not want to lose its identity or its design. That is why you san see straight and simple lines all over the place and a classic and romantic decoration that is a reminiscent of the past.

HINDE STREET FLAT

Architects: **Elise Ovanessoff & Stephen Quinn**

West End, London

La structure de cet immeuble date du XVIIIème siècle et ses propriétaires ne voulaient pas perdre les signes d'identité de la construction. Ils désiraient aussi conserver le style prédominant de l'époque. C'est pour cela que foisonnent les lignes droites et simples dans toutes les pièces et c'est une décoration classique et romantique évoquant le passé qui a été choisie.

De structuur van dit gebouw dateert uit de achttiende eeuw en de eigenaars wilden de typische kenmerken niet verloren laten gaan. Ze wilden ook het design uit die tijd behouden. Daarom worden de vertrekken gekenmerkt door rechte en eenvoudige lijnen en is de decoratie klassiek en romantisch, wat herinnert aan vroegere tijden.

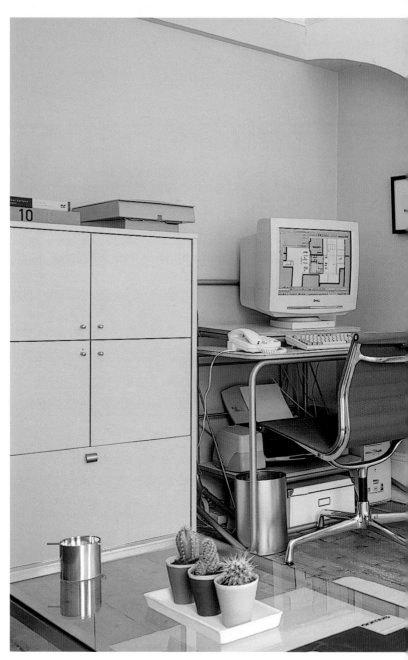

Bei den Wänden und dem Mobiliar der Zimmer dominieren kühle Pastelltöne wie Himmelblau, Violett und Türkis, durch deren Kombination dem Ambiente ein Hauch von Sauberkeit und Helligkeit verliehen wird.

The predominant use of cold pastel colors such as sky-blue, violet and turquoise on the walls and furniture of the spaces create a sensation of light and a feeling of cleanliness.

Pour les murs et le mobilier des pièces, l'utilisation de couleurs froides aux tons pastel domine, comme le bleu ciel, le violet et le turquoise, dont le mélange donne à l'espace, une sensation de propreté et de luminosité.

Voor de muren en het meubilair in de vertrekken werden vooral koude pastelkleuren, zoals lichtblauw, violet en turkoois gebruikt, wat een schoon en helder gevoel geeft.

Der Besitzer wollte diese Wohnung komplett renovieren. Dazu wurden sogar die alten Wände herausgenommen und neue Wände eingesetzt. Das auffälligste Element ist die abhängende Decke, die außerdem die Stützbalken und Abflussrohre verdeckt. Die neuen Wände grenzen die Räume ab, die gemäß der vom Besitzer festgelegten Maße neu geschaffen wurden.

The owner of this home wanted to renovate and even the inside walls were rebuilt. The first thing that catches the eye is the floating ceiling that also helps hide the support elements. The new walls now delimit the rooms per the owners specifications.

MAIDA VALE FLAT

Architects: **Wells Mackereth Architects**

London

Son propriétaire souhaitait la rénover complètement et pour cela ont été démolies et reconstruites les cloisons mêmes. Ce qui retient d'abord l'attention, c'est le plafond flottant, qui permet en plus de cacher les éléments de support et les canalisations. Les nouvelles cloisons quant à elles, délimitent des pièces construites selon les dimensions imposées par le propriétaire.

De eigenaar van deze woning wou ze volledig renoveren. Daarom werden de binnenmuren afgebroken en opnieuw gebouwd. Wat het meeste opvalt is het zwevende plafond, dat ook dient om de steunbalken en afvoerpijpen te verbergen. De vertrekken werden op basis van door de eigenaar bepaalde afmetingen gebouwd en zijn door nieuwe tussenwanden van elkaar gescheiden.

Diese Wohnung bildet den höchsten Punkt eines Gebäudes, in dem einst eine Schule untergebracht war. Schlüsselelement ist das natürliche Licht, das durch ein rundes Fenster, das im Dach eingelassen ist, in die Wohnung einfällt und durch eine Treppe, die die beiden Etagen miteinander verbindet, gefiltert wird. Es ist diese Lichtquelle, die die Wohnung in die Umgebung integriert.

This home is on the highest point of a building that was once a school. Its key element is the natural light that enters the house through a window installed in the roof as a skylight and filters through the stairs that connect the two stories. It's this brightness that integrates the home to the surroundings.

LOFT FIT-OUT

Architects: **Azman Architects**

Cassland Road, London

Cette résidence se trouve au point le plus haut d'une ancienne école. L'élément clé est la lumière naturelle qui, dans ce cas, entre dans la maison par une fenêtre installée dans le toit, une lucarne, et filtre à travers l'escalier qui relie les deux étages. C'est précisément cette illumination qui intègre la résidence à son environnement.

Deze woning ligt op het hoogste punt van een gebouw dat vroeger onderdak bood aan een school. Het belangrijkste element is het natuurlijke licht, dat in dit geval naar binnen schijnt door een koepelvormig dakraam en verder binnendringt via de trap, die de twee verdiepingen verbindt. Dankzij deze verlichtingswijze past de woning perfect in haar omgeving.

Neben der Beleuchtung ist Holz ein weiteres Element, das das Apartment einzigartig macht. Es wurde für Boden und Wände sowie in Teilen des Mobiliars, bei dem es mit Materialien wie Stahl und Glas kombiniert wurde, verwendet.

In addition to the lighting, wood is the unifying element in this apartment. It is used not only on the floors and walls but in furniture pieces where materials like glass and steel are combined.

Le bois, en plus de l'illumination, est un autre élément qui donne une unité à l'appartement. Il est utilisé au sol et aux murs comme pour les éléments du mobilier, où se mêlent des matériaux comme l'acier ou le verre.

Naast de verlichting zorgt ook hout voor stijleenheid in het appartement. Het wordt zowel in de vloer en muren als in de meubels gebruikt, in combinatie met materialen als staal en glas.

Diese Wohnung war einst die untere Etage einer Schule. Der Besitzer wollte die Struktur nicht verändern und entschied sich für die Farbe Weiß, um das Gefühl von Geräumigkeit, Sauberkeit und Helligkeit zu betonen. Die minimalistische Dekoration und die Kombination aus Materialien wie Holz, Stahl und Aluminium erzeugen den gewünschten Hauch von Komfort und Eleganz.

This house was formally the first floor of a school. To conserve the original structure, the owner opted for white colors in order to increase the sense of spaciousness, cleanliness and brightness. Minimalist decoration, wood, steel and aluminum give it a touch of comfort and elegance.

SCHOOL CONVERSION

Architect: **Brian Ma Siy Architect**

Battersea, London

Cette résidence était auparavant le rez-de-chaussée d'un collège. Son propriétaire ne voulait pas casser sa structure et il s'est décidé pour le blanc afin d'augmenter la sensation d'espace, de propreté et de luminosité. La décoration minimaliste, ainsi que le mélange de matériaux comme le bois, l'acier et l'aluminium, lui donnent la touche de confort et d'élégance souhaitée.

Deze woning was vroeger de benedenverdieping van een school. De eigenaar wou de structuur niet verliezen en koos voor wit om het gevoel van ruimte, netheid en helderheid te vergroten. De minimalistische decoratie en de combinatie van materialen als hout, staal en aluminium zorgen voor de gewenste elegantie en voldoende comfort.

Bevor dieses Loft als Wohnung umgestaltet wurde, diente es als Lager, von daher die offenen Räume und fehlenden Wände. Bei dieser Wohnung trennt das Mobiliar die verschiedenen Bereiche voneinander ab. Eine weitere Eigentümlichkeit dieses Lofts ist die Konstruktion mit doppelten Höhen, die eine ideale Ausnutzung des Raums ermöglichen.

Before becoming a home this loft was used as a warehouse, which is why the spaces are open without walls. Here, it's the furniture that delimits the different zones. Another outstanding detail is the double height of the ceilings that provide maximum space.

DEHAVILLAND LOFT

Architects: **McDowell + Benedetti**

London
Surface area: **232 m²**

Avant d'être un logement, ce loft était utilisé comme entrepôt. D'où les espaces ouverts les uns sur les autres et l'absence de murs. Dans ce projet, le mobilier est chargé de délimiter les différentes zones. L'autre particularité de ce loft est sa construction en double hauteur, qui lui permet d'utiliser au mieux l'espace.

Deze loft was vroeger een opslagplaats. Vandaar dat de ruimtes open zijn, zonder muren. In dit project is het meubilair verantwoordelijk voor de afbakening van de verschillende zones. De loft is ook bijzonder door de constructie op dubbele hoogte, waardoor de beschikbare ruimte nog beter wordt benut.

Auf Grund ihrer Lage dient die Küche gleichzeitig als Diele. Beim Schlafzimmer, das sich neben der Küche befindet, wurde der private Charakter mit Hilfe eines Schranks und eines Regals, die den Raum abgrenzen, bewahrt.

Du fait de son emplacement, la cuisine remplit également le rôle de vestibule. La chambre, qui se trouve à côté de la cuisine, garde son caractère privé grâce à une armoire et des étagères qui ferment l'espace.

Due to its location, the kitchen also serves as a foyer. The bedroom, which is located on the side of the kitchen, maintains its privacy thanks to an armoire and shelves that close up the space.

Door de ligging doet de keuken ook dienst als vestibule. De slaapkamer ligt naast de keuken en behoudt haar privékarakter dankzij een kast en rekken, die de ruimte afsluiten.

Diese Wohnung erstreckt sich auf einer einzigen Etage und zeichnet sich durch die Geräumigkeit seiner Wohnbereiche aus. Auffallend ist das große Wohnzimmer, das die Wohnung dominiert, und um das sich die übrigen Räumen verteilen. Durch das Weiß und das Grau entsteht ein sehr außergewöhnliches Lichtspiel.

This is a one-story home with very large rooms. The very ample living room stands out and the rest of the house revolves around it. Whites and grays play with the light in a special way.

FLAT IN GLOUCESTER

Architects: **Elise Ovanessoff & Stephen Quinn**

Near London

Cette résidence dispose d'un seul étage et se caractérise par la grandeur de ses pièces. Le grand salon qui domine la maison retient l'attention, salon autour duquel sont distribuées les autres pièces. Les blancs et les gris créent ici un jeu de lumières très spécial.

Deze woning bestaat uit een enkele verdieping en valt op door de ruime vertrekken. Alle aandacht gaat naar de grote zitkamer, waarrond de andere ruimtes ingericht zijn. De witte en grijze kleuren scheppen een bijzonder lichtspel.

Zu diesem Haus gehörte einst eine vernachlässigte und verwahrloste Garage, die schließlich zu einem kleinen Besucherhaus umgebaut wurde. Ihre Struktur wurde beibehalten, allerdings wurde ein Glasbau angefügt, der den Raum radikal veränderte. Zudem kann die Umgebung durch die Glasfenster maximal genossen werden.

This home's abandoned and neglected garage has been converted into a small guesthouse. The structure has remained the same but a glass box has been added and has dramatically changed the image of the space and added a maximum view of the landscape.

GLASS GARDEN ROOM

Architects: **Simon Conder Associates**

North London

Cette résidence disposait d'un garage peu soigné et abandonné qui a été rénové et transformé en une petite maison d'invités. Sa structure est restée intacte mais y a été ajoutée une caisse en verre, qui a radicalement changé l'image de l'espace. De plus, l'utilisation des verrières permet de profiter au maximum de l'environnement.

Bij deze woning hoorde een verwaarloosde garage, die werd omgebouwd tot een klein gastenhuis. De structuur bleef behouden, maar er werd een glazen doos aan toegevoegd, waardoor het ruimteconcept radicaal veranderde. De ramen laten toe maximaal van de omgeving te genieten.

Der Raum zeichnet sich durch den minimalistischen, eleganten Stil aus, der durch das spartanische Mobiliar schlichten Designs, bei dem Weißtöne mit Holz kombiniert wurden, erzeugt wird.

This new room stands out for its elegant and minimalist style, achieved through essential furniture and simple lines in combinations of white and wood. The use of direct lighting emphasizes the style.

La nouvelle pièce se caractérise par son style minimaliste et élégant, obtenu grâce au mobilier essentiel aux lignes simples qui associe le blanc et le bois. L'illumination ponctuelle utilisée favorise ce style.

Het nieuwe vertrek valt op door de minimalistische en elegante stijl, die zich uit in essentieel, eenvoudig meubilair, waarin wit met hout wordt gecombineerd. De directe verlichting versterkt deze stijl.

Dieses Gebäude wurde, nachdem es mehrere Jahre leer stand, renoviert. Es grenzt an ein ehemaliges zweistöckiges Lager. Es handelt sich von daher um einen Block, der von Bauten umgeben ist. Natürliches Licht ist praktisch nicht vorhanden. Um das Licht dennoch maximal auszunutzen, wurden alle Gänge des Hauses mit Abdeckungen aus durchscheinendem Glas ausgestattet.

This building has been restored after being abandoned for several years. Annexed is a two-story warehouse. Buildings surround the block and natural light is almost non-existent. To make the most of the limited light, clear glass was installed on the roofs of all the galleries surrounding the house.

LEE HOUSE

Architect: **Derek Wylie**

Clerkenwell, London
Surface area: **250 m²**

Cet édifice a été restauré après plusieurs années d'abandon et dispose d'une annexe qui, il y a longtemps, hébergeait un entrepôt de deux étages. Il s'agit d'un immeuble entouré de constructions dans lequel la lumière naturelle est presque absente. Pour l'utiliser au maximum, on a installé des couvertures en verre translucide sur toutes les galeries qui entourent la maison.

Dit gebouw werd na jaren verwaarlozing gerenoveerd. Ernaast ligt een constructie die vroeger een winkel van twee verdiepingen was. Het is dus een huis omringd met gebouwen waarin bijna geen natuurlijk licht binnenschijnt. Om maximaal gebruik te maken van het beschikbare licht werden alle galerijen die het huis omringen met doorschijnende, glazen daken overdekt.

Das Haus weist einen avantgardistischen Stil auf, der sich in den Materialien und in einigen Elementen des Mobiliars manifestiert. Ein Beispiel ist die Wendeltreppe, bei der auf interessante Weise Stahl und Holz kombiniert wurden.

Le logement est marqué par un style avant-gardiste qui s'exprime par les matériaux et plusieurs éléments du mobilier. L'un d'eux est l'escalier en colimaçon, qui combine de manière intéressante l'acier et le bois.

The definite vanguard style of this home is expressed in its materials and in the different elements of the furniture. An example of this is the spiral staircase with an interesting combination of steel and wood.

Zowel materiaal als meubilair in deze woning getuigen van een duidelijke avant-gardestijl. In de wenteltrap worden hout en aluminium op een interessante wijze gecombineerd.

Dieses Gebäude befindet sich inmitten der Stadt, ist jedoch von einer prächtigen Vegetation umgeben. Das Penthouse wurde vom Design eines hypothetischen Baumhauses inspiriert. Demgemäß wird der Raum vom Material Holz in verschiedenen Formen und Farben dominiert, wodurch die Wohnung in ihre Umgebung integriert wird, ohne dass auf Komfort verzichtet werden muss.

Standing in the heart of the city, this building is surrounded by magnificent vegetation. The attic was inspired as a hypothetic tree house, thus the ample use of wood in various shapes and forms. The wood also integrates the home with the landscape without forfeiting comfort.

TREEHOUSE PROJECT

Architects: **Blockarchitecture**

London

Cet immeuble, construit en pleine ville, se trouve en même temps entouré d'une magnifique végétation. Cet attique s'est inspiré du style d'une hypothétique maison située dans un arbre. C'est pour cela que la pièce est dominée par le bois, aux formes et couleurs diverses, qui intègre la maison à l'environnement sans renoncer aux commodités.

Dit gebouw ligt midden in de stad, maar is omringd door prachtige vegetatie. Het is een zolder ontworpen op basis van een ingebeeld huis in een boom. Daarom overheersen verschillende vormen en kleuren van hout in de vertrekken, waardoor de woning goed in de omgeving past, zonder aan comfort in te boeten.

Um das Raumproblem zu lösen, hat sich der Architekt für einige sehr praktische, zusammenklappbare Möbelstücke entschieden. Diese sind ebenfalls aus Holz, um das Konzept des Baumhauses zu unterstreichen.

In order to solve the problem of limited space, the architect has placed several pieces of folding furniture that are also very practical. They are also made of wood, to reinforce the concept of a tree house.

Pour résoudre le problème de l'espace, l'architecte a choisi de poser des éléments de mobilier pliables qui s'avèrent très pratiques. Ils sont également en bois, renforçant ainsi le concept de la maison dans l'arbre.

Om het ruimteprobleem op te lossen, heeft de architect voor enkele zeer praktische, inklapbare meubelstukken gekozen. De meubels zijn van hout, in de lijn van het concept van een boomhuis.

Der Vorteil von Lofts ist ihre Raumweite. Bei diesem Loft dient die obere Etage als Schlaf- und Freizeitbereich, während sich die übrigen Bereiche auf der unteren Etage befinden. Die Kombination der hellen Tönen der Wände mit dem Parkettboden und dem Aluminium der Balken und Geländer geben dieser Wohnung ein sehr persönliches Flair.

The advantage of lofts is spaciousness. In this case, the top floor has been the bedroom and recreation area, while the rest of the rooms are on the bottom floor. The combination of light colors on the walls, the parquet floors, the aluminum beams and the railing give this home a personal touch.

PIMLICO LOFT

Architects: **Foreign Office Architects**

Pimlico, London
Surface area: **180 m^2**

L'avantage des lofts est la taille de leurs espaces. Dans ce cas, l'étage supérieur a été conçu pour accueillir la chambre et l'espace de détente, alors que les autres pièces se trouvent à l'étage inférieur. Le mélange des tonalités claires des murs, du parquet et de l'aluminium des poutres et des rambardes donnent une touche très personnelle à cette pièce.

Het voordeel van een loft is de ruimte. In dit geval wordt de bovenverdieping gebruikt als slaapkamer en ontspanningsruimte. De andere vertrekken bevinden zich op de benedenverdieping. De combinatie van de lichte kleuren van de muren, het parket en het aluminium van de balken en balustrades geeft deze woning een heel persoonlijk tintje.

Küche und Bad sind in minimalistischem Stil, das heißt nur mit den fundamentalsten Elementen dekoriert. Weißglühende Leuchten und Halogenlampen sorgen für eine indirekte Beleuchtung, die ein intimes Ambiente erzeugt.

The kitchen and bathroom display a minimalist decoration, with only the fundamental elements. Incandescent lights and lamps with halogen bulbs create indirect lighting that favors an intimate and elegant atmosphere.

La cuisine et la salle de bain proposent une décoration minimaliste, avec quelques éléments essentiels. Les spots incandescents et les lampes halogènes créent une illumination indirecte favorisant une ambiance intime et élégante.

De keuken en badkamer zijn minimalistisch gedecoreerd en bevatten slechts fundamentele elementen. Witte gloeilampen en halogeenlampen zorgen voor indirecte verlichting en scheppen een intieme en stijlvolle sfeer.

NEW YORK APARTMENTS

NEW YORK WOHNUNGEN
APPARTEMENTS DE NEW YORK
NEW YORK APPARTEMENTEN

Dieses Projekt wurde konzipiert, um ein altes Lager, das aus einer einzigen dreieckigen Etage bestand, umzubauen. Blickfänge sind die tiefen Decken sowie die Säulen und Holzbalken, die den Raum dominieren und die einzelnen Bereiche der Wohnung abgrenzen. Zudem entsteht durch die Glastüren und die ins Dach eingelassenen Oberlichter ein Gefühl von Geräumigkeit.

The purpose of this project was to remodel an old, one-story, triangular-shaped warehouse. Its main attractions are the low ceilings and the columns and wood beams that divide the areas of the home. On the other hand, glass and a skylight give it a sense of spaciousness.

MONEO LOFT

Architects: **Moneo Brock Studio**

Tribeca, New York

Ce projet a été conçu pour remodeler un ancien entrepôt d'un seul étage de forme triangulaire. Les plafonds bas, les colonnes et les poutres en bois qui dominent la pièce et divisent les espaces du logement, retiennent l'attention. Par ailleurs, on obtient une grande sensation d'espace grâce aux verrières et à la lucarne installée dans le plafond.

Dit project is opgevat als renovatie van een oude opslagplaats, die uit een enkele, driehoekige verdieping bestond. De woning wordt gekenmerkt door lage plafonds, pilaren en houten balken, die zorgen voor de indeling in verschillende zones. Er is een groot gevoel van ruimte dankzij de ramen en het dakvenster.

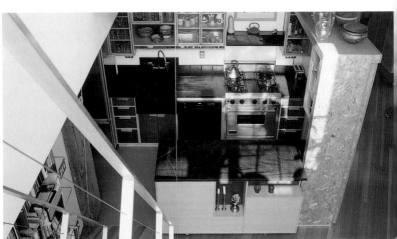

Ziel dieses in einem Wolkenkratzer situierten Projekts war es, möglichst viel natürliches Licht einzufangen, um den Raum weitläufiger wirken zu lassen. Man erreichte dies durch den Einbau zahlreicher Fenster, einen reflektierenden Boden und die vorherrschend weißen Wänden. Die hellen Töne werden durch die schwarzen Möbel, die Persönlichkeit und Stil verleihen, kontrastiert.

Located on a skyscraper, the main goal of this project was to capture as much natural light as possible in order to increase the sense of space. It was achieved by installing numerous windows, a reflective floor and white on all the walls. This clarity is contrasted by the black furniture that give it personality and style.

WALL STREET LOFT

Architects: **Chroma**

Wall Street, New York

Ce projet est situé dans un gratte-ciel ; son objectif était de capter le plus de lumière naturelle possible pour augmenter la sensation d'espace. On y est parvenu en posant de nombreuses fenêtres, un sol réfléchissant et grâce à l'omniprésence du blanc pour les murs de toutes les pièces. Le noir choisi pour les meubles tranche avec cette clarté, et donne personnalité et style.

Dit project ligt in een wolkenkrabber en de bedoeling was zoveel mogelijk natuurlijk licht op te vangen om het gevoel van ruimte te vergroten. Dit is gelukt dankzij de vele ramen, een reflecterende vloer en overheersend witte muren in alle vertrekken. De helderheid contrasteert met de zwarte meubels en geeft de woning persoonlijkheid en stijl.

Dieser Bau charakterisiert sich durch seine große Grundfläche, die die Schaffung verschiedener, weitläufiger Räume ermöglichte. Ein weiteres Hauptmerkmal ist das natürliche Licht, das durch den reflektierenden Boden und die hellen Wände verstärkt wird.

This grand space favors the creation of multiple, spacious rooms. Another great feature is the abundance of natural light accented by reflective floors and light walls.

TERRACE APARTMENT

Architects: **Bonetti Kozerski Studio**
Collaborators: **Arnold Chan/Isometrix (lighting),
I. Grace Company (contractor)**

Central Park West, New York

Ce projet se caractérise par sa grande surface, favorisant la création de plusieurs grandes pièces. La lumière naturelle est une des autres caractéristiques principales, accentuée par le sol réfléchissant et la clarté des murs.

Dit project wordt gekenmerkt door de omvangrijke oppervlakte, waardoor verschillende grote ruimtes gecreëerd konden worden. Een ander belangrijk kenmerk is het natuurlijke licht, dat versterkt wordt door de reflecterende vloer en de lichte muren.

1. Entrance
2. Yoga room
3. Bathroom
4. Dining room
5. Living room
6. Bedroom
7. TV room
8. Kitchen
9. Service area
10. Dressing room

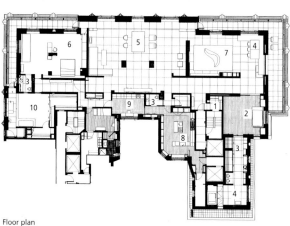

Floor plan

Dieses umgestaltete Gebäude umfasst zwölf Etagen, von denen aus man eine großartige Sicht auf die Stadt hat. Die Wohnung wird durch bereits bestehende Balken dominiert, aber auch der Boden von industrieller Ästhetik, der neu ausgelegt, poliert und dunkelrot gestrichen wurde, sticht hervor.

This remodeled twelve-story building has wonderful panoramic views of the city. Pre-existing beams stand out, as well as the industrial style floor that was repaved, polished and painted a dark red.

ARCHITECT´S RESIDENCE

Architects: **H3 Hardy Collaboration Architecture**

New York

Cet immeuble réhabilité dispose de douze étages dont les appartements jouissent d'une vue panoramique de la ville. Le logement est dominé par les anciennes poutres mais ce qui retient aussi l'attention, c'est le sol, de type industriel, refait, poli et peint en rouge sombre.

Dit gerenoveerde gebouw bestaat uit twaalf verdiepingen, met appartementen die een prachtig uitzicht op de stad bieden. De aandacht gaat vooral uit naar de bestaande balken, maar ook de industriele vloer, die opnieuw werd gelegd, gepoetst en donkerrood geschilderd, valt op.

Das Merkmal, das dieser Wohnung Homogenität und Persönlichkeit verleiht, ist die Farbe. Die Elemente der verschiedenen Räume sind ungleichen Stils, und es werden unterschiedslos Aufdrucke, Formen und Materialien kombiniert.

La couleur est l'élément qui donne unité et personnalité à cette résidence. Les éléments utilisés dans les différentes pièces sont de styles divers et mêlent indistinctement les imprimés, les formes et les matériaux.

Color is the unifying element in this home and it also provides it with a great personality. The different rooms have diverse styles with indistinc combinations of patterns, shapes, and fabrics

Kleur schept eenheid en geeft deze woning haa persoonlijkheid. De elementen in de vertrekken getuigen van verschillende stijlen, waarbij bedrukkingen, vormen en materialen zonder onderscheid worden gecombineerd.

Diese Wohnung richtet sich an einer zentralen Achse aus Küche, Studio und Bad, um die sich Ess-, Wohn- und Schlafzimmer verteilen, aus. Die Schwere, die durch die sichtbaren Ziegel der Wände und die Säulen erzeugt wird, wird durch eine warme Farbgestaltung und eine schlichte Dekoration, bei der eine Überladung streng vermieden wurde, abgedämmt.

This home revolves around its center where the kitchen, bath, and studio are situated. Surrounding them are the dining room, living room, and bedrooms. A palette of warm colors and a decoration kept simple counteracts the solid look of the exposed brick and the columns.

PEKARSKY RESIDENCE

Architects: **Choslade Architecture**

New York
Surface area: **130 m²**

Ce logement tourne autour d'un axe central – où se trouvent la cuisine, l'atelier et la salle de bain – et autour duquel se distribuent la salle à manger, la salle de séjour et les chambres. La solidité qu'offre la brique nue des murs et des colonnes est compensée par une palette de couleurs chaudes et une décoration simple qui fuit les excès.

Deze woning is ingericht rond een centrale as – keuken, werkkamer en badkamer – waarrond de eetkamer, zitkamer en slaapkamers liggen. De stevigheid van de ongepleisterde baksteen op de muren en pilaren vindt een tegenwicht in het warme kleurenpalet en de eenvoudige en sobere decoratie.

Diese einstige Industriehalle wurde mit dem Ziel umgebaut, sie in eine Wohnung mit einem Büro, in dem der Besitzer seine berufliche Tätigkeit ausüben kann, zu verwandeln. In beiden, durch durchscheinende Schiebetüren voneinander abgetrennten Bereichen wurde der alte Betonboden, der mit einer Plastikglasur überzogen wurde, um Unebenheiten auszugleichen, erhalten.

This old industrial space was remodeled to make a home with office space for the owner to work from. Both areas, divided by sliding translucent doors, maintain the old concrete floors that have been covered with a plastic coating to hide imperfections.

WEINSTEIN LOFT

Architects: **Messana O´Rorke Architects**

Collaborators: **James Lee Construction (builder)**

New York

Surface area: **520 m²**

Cet ancien espace industriel a été réhabilité dans l'objectif de le transformer en logement qui accueille également un bureau où le propriétaire pourra réaliser son travail. Les deux espaces, séparés par des portes coulissantes translucides, conservent le sol en béton d'antan couvert d'un vernis plastique qui cache les imperfections.

Deze voormalige industriële ruimte werd gerenoveerd met de bedoeling er een woning van te maken die ook plaats biedt aan een werkruimte voor de eigenaar. In beide zones, van elkaar gescheiden door doorschijnende schuifdeuren, werd de vroegere betonvloer bewaard, maar behandeld met plastic vernis om de foutjes te verbergen.

1. Entrance
2. Graphic studio
3. Private work area
4. Copy room
5. Print workshop
6. Living room
7. Den
8. Kitchen
9. Bedroom
10. Bathroom

Floor plan

Das eigentümlichste Element dieses Baus sind die großen Säulen, die die Wohnung dominieren und als Balken der Dachkonstruktion dienen. Es handelt sich um eine geräumige Wohnung mit großen Fenstern, damit das Sonnenlicht in alle Winkel gelangt und tote, dunkle Bereiche vermieden werden.

The most peculiar elements of this project are the great columns that predominate and serve as the beams that hold up the roof. The space is quite large and windows have been installed to bring light into every corner of the house to avoid dark or dead zones.

HUDSON STREET LOFT

Architects: **Moneo Brock Studio**

Tribeca, New York

Les éléments les plus caractéristiques de ce projet sont les grandes colonnes qui dominent l'espace qui servent à la fois de poutres sur lesquelles repose le plafond. Il s'agit d'un grand espace dans lequel ont été installées de larges baies vitrées pour que la lumière du jour atteigne chaque recoin et pour éviter les zones mortes et obscures.

De meest opvallende elementen van dit project zijn de grote pilaren, die ook de functie van balken voor het dak vervullen. Het is een grote ruimte, met enorme ramen, om het zonlicht tot in ieder hoekje te laten doordringen en dode en donkere hoeken te vermijden.

Bei den Gemeinschaftsbereichen entschied man sich für eine moderne Kombination aus Schwarz und Weiß, die nur durch die Farbe bestimmter dekorativer Elemente wie etwa abstrakter Malereien in Rottönen durchbrochen wird.

In the common areas, there is a modern combination of black and white. This combination is only interrupted by the colors of certain decorative elements such as the abstract painting in shades of red.

Dans les espaces communs, on a opté pour un mélange moderne de blanc et de noir, qui n'est rompu que par la couleur de certains éléments décoratifs, comme la peinture abstraite aux tons rouges.

In de gemeenschappelijke ruimtes worden wit en zwart op een moderne manier gecombineerd. Een aantal decoratieve elementen, zoals het roodachtige, abstracte schilderij, onderbreken dit patroon.

Die Originalstruktur dieses Lofts wurde beibehalten. Auf Grund der Ziegelwände und Holzbalken, die das Dach dominieren, blieb sein industrielles Erscheinungsbild erhalten. Die Küche öffnet sich dem Rest der Wohnung und wird allein durch einen Teppich abgegrenzt. Es wurde nur eine Wand eingebaut, um das Bad vom Schlafzimmer abzugrenzen und so die Intimität zu bewahren.

This loft maintains its original structure. The industrial aspect created by the brick walls and the wood beams of the ceiling has been preserved. The kitchen opens to the rest of the house and is limited by a rug. There is only one wall to separate the bedroom from the bathroom and maintain their privacy.

INDUSTRIAL LOFT

Architect: **Alexander Jiménez**

New York

Ce loft conserve sa structure initiale. Son aspect industriel a été respecté grâce aux murs en brique et aux poutres en bois qui soutiennent le plafond. La cuisine s'ouvre sur le reste de la maison et est délimitée par un tapis. Une seule cloison a été dressée pour séparer la salle de bain de la chambre. Ainsi elle conserve son intimité.

In deze loft werd de oorspronkelijke structuur behouden. De bakstenen muren en houten balken aan het plafond geven de loft een industriële look. De keuken geeft uit op de rest van het huis en is afgebakend door een tapijt. Alleen de badkamer en slaapkamer zijn van elkaar gescheiden door een wand die voor voldoende privacy zorgt.

Beim Umbau dieser Wohnung wurden
mehrere Wände, die die einzelnen Bereiche
zuvor abgrenzten, herausgenommen, um
Raum zu gewinnen. Das Esszimmer bildet
die zentrale Achse der Wohnung und
zeichnet sich durch eine große Glastür aus,
die das natürliche Licht filtert. Der graue
Teppich, die vorherrschend weißen Wände
und die Beleuchtung betonen das Gefühl
von Geräumigkeit.

The renovation of this home consisted
of eliminating some of the walls that
separated the rooms, in order to gain
space. The dining room is its center and
is dominated by glass that filters natural
light. The light gray color of the carpet,
the white walls and lighting, all increase
the sensation of spaciousness.

EASTSIDE RESIDENCE

Architect: **Ronnette Riley Architect**
Collaborators: **Jota Construction (builder),
Gilsanz Murria Steifack (engineering)**

Manhattan, New York

La rénovation de ce logement a consisté
à éliminer certaines cloisons séparant les
différentes pièces, afin de gagner de
l'espace. La salle à manger est l'axe central
de la maison ; elle est dominée par une
grande verrière qui laisse passer la lumière
naturelle. Le gris clair de la moquette,
l'omniprésence des murs blancs et
l'illumination, augmentent la sensation
d'espace.

Bij de renovatie van deze woning werden
de wanden die de verschillende ruimtes
van elkaar scheidden, afgebroken om
ruimte te winnen. De eetkamer is de
centrale as van het huis. Een groot raam
laat het natuurlijke licht binnen. Het gevoel
van ruimte wordt vergroot door het
lichtgrijze tapijt, de overheersend witte
muren en de verlichting.

1. Entrance
2. Dining room
3. Kitchen
4. Living room
5. Bedroom
6. Bathroom
7. Dressing room
   and guests room

Floor plan

Diese Wohnung erstreckt sich über zwei Etagen: auf der unteren Etage befinden sich die Privaträume und auf der oberen ein Bereich, den der Besitzer, der Kunst sammelt, als Ausstellungssaal nutzt. Die dreieckige Form der Decke, die beweglichen Furnierpaneele, die Fenster und die monotone Farbgestaltung reflektieren Leichtigkeit und Ruhe.

This home consists of two stories: private rooms on the first floor and the second floor serves as an art gallery for the owner who is an art collector. The triangular shape of the ceiling, the movable metallic panels, the great windows and a color monochrome palette reflect lightness and rest.

GREENBERG LOFT

Architects: **Smith-Miller + Hawkinson Architects**

Manhattan, New York

Cette résidence dispose de deux étages : à l'étage inférieur se trouvent les pièces privées et au supérieur, nous découvrons un espace que le propriétaire, collectionneur d'art, utilise comme salle d'expositions. La forme triangulaire du plafond, les panneaux mobiles en tôle, les baies vitrées et une palette monochrome de peintures de couleur, transmettent légèreté et repos.

Deze woning bestaat uit twee verdiepingen: op de benedenverdieping liggen de privévertrekken en op de bovenverdieping is een ruimte die dienst doet als tentoonstellingszaal voor de eigenaar die kunstverzamelaar is. Het driehoekige dak, de mobiele plaatpanelen, de grote ramen en het monochrome kleurenpalet dat bij het verven werd gebruikt, ademen lichtheid en rust uit.

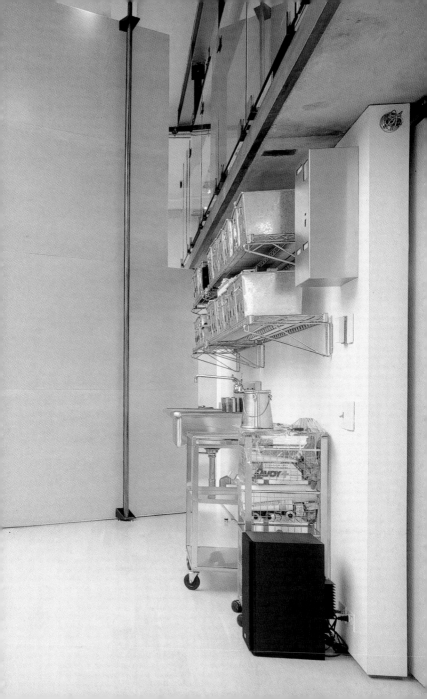

Hauptcharakteristik dieses Baus ist die Raumaufteilung, die sich durch den Einsatz von Holzpaneelen, die den Raum je nach Bedürfnissen transformieren, auszeichnet. Die Hauptachse umfasst Küche, Bad und Waschraum. Die beweglichen Paneele bestimmen je nach Bedarf, ob ein oder mehrere Räume zur Verfügung stehen.

The main characteristic of this structure is the distribution of its rooms by using wood panels that transform the space according to needs. The center is composed of the kitchen, the bathroom and laundry room. The sliding panels determine the number of bedrooms.

LEVY LOFT

Architect: **Ali Tayar**

Manhattan, New York

La principale caractéristique de cette réalisation est la distribution de ses pièces, dominée par des panneaux en bois qui transforment l'espace au gré des besoins. L'axe principal est composé par la cuisine, la salle de bain et la buanderie. Les panneaux coulissants forment une ou plusieurs pièces selon les besoins du moment.

Het voornaamste kenmerk van dit gebouw is de indeling van de vertrekken, die door middel van houten panelen naar behoefte kunnen worden getransformeerd. De belangrijkste vertrekken zijn de keuken, badkamer en wasruimte. De schuifpanelen bepalen of er één of meerdere ruimtes zijn, op basis van de behoeften op dat moment.

In den offenen Bereichen dieses Lofts herrschen die Verwendung von Holz und bei den Wänden helle Pastelltöne vor, die der Wohnung zusammen mit den recht klassischen Möbeln ein warmes, heimisches Ambiente verleihen.

The open spaces of this loft are ruled and defined by the use of wood and the light shades of the walls. All of this, along with the classic furniture, creates a homey and warm ambiance.

Les espaces ouverts de ce loft sont dominés par l'utilisation du bois et des tons clairs pour les murs, qui avec les meubles plutôt classiques, donnent au logement une ambiance chaude et familiale.

Hout en heldere tinten op de muren overheersen in de open ruimtes van deze loft, waar mede dankzij de klassieke meubels, een warme en huiselijke sfeer heerst.

Dieses zweistöckige Loft, das mit allen Raffinessen ausgestattet ist, entstand durch den Umbau eines ehemaligen Handelsgebäudes. Um Räume zu definieren, wurden bewegliche, durchscheinende Glaspaneele verwendet, die die Schaffung verschiedener Bereiche ermöglichen. Das Mobiliar in Erdtönen spielt mit dem Nebeneinander aus Flächen und Texturen.

This sophisticated loft-type duplex is the result of remodeling an old commercial building. Mobil clear glass panels are used to define and re-define the spaces. The earth tones of the furniture play with the juxtaposition of surface and textures.

DOWNTOWN LOFT

Architects: **Pasanella + Klein Stolzman + Berg**

Madison Square, New York

Ce duplex sophistiqué de type loft est issu de la rénovation d'un ancien immeuble commercial. Pour marquer la séparation entre les espaces, on a utilisé des panneaux mobiles en verre translucide, qui permettent de créer plusieurs pièces. Le mobilier, de couleur terre, joue sur la juxtaposition de la surface et des textures.

Deze geraffineerde duplexloft is het resultaat van de renovatie van een voormalig handelspand. Om de verschillende ruimtes van elkaar te scheiden werden verplaatsbare, doorzichtige glazen panelen gebruikt, waardoor verschillende vertrekken ontstaan. Het aardkleuren meubilair treedt in dialoog met de mengeling van oppervlakken en texturen.

1. Entrance area
2. Hall
3. Stairs
4. Bedroom
5. Living room

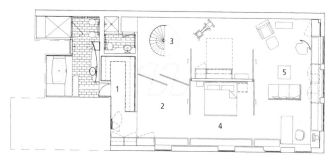

Ground floor

Diese Erdgeschosswohnung zeichnet sich durch seine L-Form aus: Im längeren Flügel befinden sich die Gemeinschaftsräume, in denen große Fenster dominieren, während sich auf den kürzeren Flügel die Schlafzimmer und ein kleines Studio verteilen. Sie sind durch einen Gang, der die Bereiche voneinander abgrenzt, miteinander verbunden.

Located on the first floor of a building, this L-shaped home houses the common areas on the widest side where big windows predominate. On the narrower side we find the bedrooms and a small studio. A long corridor that delimits the spaces unites these two areas.

O´NEILL APARTMENT

Architects: **EFM Design**
Collaborators: **Ira Frazin (project supervisor),
Andrew Ferguson-Chartwell Builders (contractor)**

New York

Ce logement se trouve au rez-de-chaussée d'un immeuble et se caractérise par sa forme de L : dans l'aile la plus large, on trouve les pièces communes, où dominent de grandes baies vitrées, alors que dans l'aile plus étroite, se situent les chambres et un petit atelier. Ces deux zones sont reliées par un couloir délimitant les espaces.

Deze woning ligt op de benedenverdieping van een gebouw en heeft een L-vorm: de breedste vleugel geeft onderdak aan de gemeenschappelijke ruimtes, waar grote ramen overheersen; de smallere vleugel bevat de slaapkamers en een kleine werkruimte. Beide zones zijn met elkaar verbonden door een gang.

1. Entrance
2. Kitchen
3. Bedrooms
4. Bathrooms
5. Dining room
6. Studio
7. Living room
8. Dressing room

Floor plan

Bei diesem Projekt wurden drei Einzimmerapartments zu einer einzigen Wohnung zusammengefasst. Eine Kragtreppe aus Holz und Stahl führt zur oberen Etage, die sich durch ein zylindrisches Dachfenster auszeichnet, durch das der als Studio genutzte Raum ausgeleuchtet wird. Die untere Etage wird durch eine Wand aus Stahl und Glas in zwei Ambiente unterteilt.

Three single bedroom apartments were joined to make this a single family home. A projecting steel staircase leads to the second floor where a cylindrical skylight illuminates the whole studio-room. The lower level is divided into two areas by a steel and glass wall.

BACHELOR PAD

Architects: **Edward I. Mills + Associates**

Greenwich Village, New York

Pour ce projet, trois appartements, d'une pièce chacun, ont été réunis pour créer un seul logement. Un escalier en bois et en acier en encorbellement mène à l'étage supérieur, dominé par une lucarne, de forme cylindrique, qui illumine la pièce destinée à l'atelier. L'étage inférieur est divisé en deux espaces grâce à une cloison en acier et en verre.

In dit project werden drie appartementen van elk één kamer samengevoegd tot een enkele woning. Een hangtrap in hout en staal leidt naar de bovenverdieping, waar een cilindrisch dakvenster de werkruimte verlicht. De benedenverdieping is in twee ruimtes verdeeld door een scheidingswand in staal en glas.

Die Räume, in denen vor Jahren ein Lager untergebracht war, wurden in ein Apartment umgestaltet, wobei man seinen Wurzeln treu geblieben ist. Dekorative Elemente erinnern an die einstige Industriehalle. Vorherrschende Materialien sind Aluminium und Stahl, deren Kälte durch den Parkettboden und die weißen Wände durchbrochen wird.

A space that for years housed a great warehouse has been converted into an apartment that stays true to its origin. It contains decorative elements that evoke pieces from an old vessel. The parquet floors and white walls break the coldness of the steel and aluminum.

CRAFT COLLECTOR'S APARTMENT

Architects: **Pasanella + Klein Stolzman + Berg**

Upper West Side, New York

L'espace qui, il y a des années, hébergeait un grand entrepôt est devenu un appartement qui n'oublie pas ses origines. Il contient des éléments décoratifs qui évoquent les pièces de l'ancien magasin. Le matériau dominant est l'aluminium, ainsi que l'acier, dont la froideur est compensée par le parquet et par les murs blancs.

Deze ruimte bood voorheen onderdak aan een grote opslagplaats en werd omgebouwd tot een appartement dat trouw is aan zijn oorsprong. Bepaalde decoratieve elementen doen denken aan stukken van het vroegere magazijn. Aluminium en staal overheersen. De parketvloer en witte muren doorbreken de koude sfeer die deze materialen oproepen.

DIRECTORY